수 심 결

修心訣

도서출판
뷰티풀마인드

머리글

"땅에서 넘어진 자 땅을 짚고 일어나라[因地倒者因地起]"
보조어록 중에서 가장 널리 인용되고 알려진 말씀입니다.

혹자는 불교는 종교가 아니라 마음을 다루는 과학이라 이릅니다. 일견 어떤 부분은 일리가 있습니다.

남방에서 전해지는 상좌부나, 북방에서 전해지는 대승불교나 할 것 없이 모든 고통의 원인[因地倒者]이 마음으로부터 발생된다고 말하고 있습니다.

마음이 문제의 원인이라면 해결책[因地起]도 거기에 있겠지요. '수심결'은 여러 경전 가운데서 불도에 드는 길을 에둘러 말하지 않고 곧바로 이르는 부분을 추려 국사의 견해를 덧붙여 말씀하신 글입니다.

혹여 불도에 관심이 있으시다면 이 글을 읽어 보시길 권합니다. 선학(先學)들도 이 글로 말미암아 불도에 드신 분이 부지기수이거니와 현학(現學)들도 이 글에 의지하여 수행에 힘쓰는 분들이 적지 않습니다.

부디 문자에 얽매이지 말고 행간을 잘 살펴 한 번 요해(了解)가 안 된다면 두 번, 세 번 이렇게 읽다보면 언젠가는 요해가 되어 마음의 기틀을 발할 날이 있겠지요.

指以標月兮여 月不在指요,
손가락으로 달을 가리킴이요 달은 손가락에 있지 않고,

言以說法兮여 法不在言이로다.
말로써 법을 설함이여 법은 말에 있지 않도다.

2021년 5월 19일 우득 합장

1. 고통을 들어서 참을 보이니 7
   擧苦示眞
2. 마음이 미혹한 채로 도를 닦으면 마침내 어떠한 이익도 없으니 8
   迷心修道終無利益
3. 성인과 범부가 한 가지 도로써 다만 한마음을 밝히니 10
   聖凡一道只明一心
4. 중생이 날마다 쓰고 살면서도 이 한 물건을 알지 못하니 12
   衆生日用不知這一物
5. 옛것을 들어 밝게 증명하니 14
   擧古明證
6. 깨달음에 의지하여 닦을 뿐 일시에 몰록 신통이 나타나지 않으니 19
   依悟而修非一時頓現神通
7. 먼저 돈오와 점수를 가리니 28
   先辨頓悟漸修
8. 방편으로 깨달음을 구하려고 굴리고 굴리다 넘어져 지나치니 31
   求悟方便轉轉蹉過
9. 공적과 영지를 곧바로 보이니 33
   直示空寂靈知
10. 곧바로 마음을 가리켜서 본래 부처임을 알게 하니 37
    直指人心本來是佛
11. 소리를 관하여 진리로 들어가는 문을 가리켜 보이니 40
    指示觀音入理之門
12. 끝맺음을 권하노니 48
    結勸
13. 깨달은 후에 점점 닦아야 함을 거듭 보이니 50
    重示悟後漸修
14. 정과 혜 두 문을 바르게 보이니 62
    正示二門定慧
15. 자세히 정과 혜의 두 문을 밝히니 71
    詳明二門定慧
16. 끝까지 공부를 마치도록 당부하니 87
    勸結

1. 고통을 들어서 참을 보이니 擧苦示眞

삼계(三界)의 뜨거운 번뇌가
마치 불타는 집과 같으니
어찌 참아 견디며 오래 머물러
긴 고통을 달게 받으랴!

삼계열뇌(三界熱惱) 유여화택(猶如火宅)
기인엄류(其忍淹留) 감수장고(甘受長苦)

윤회를 면하고자 한다면
부처를 찾는 것만 같지 못함이요

욕면윤회(欲免輪廻) 막약구불(莫若求佛)

만약 부처를 찾고자 하면
부처란 이 마음이니,
마음을 어찌 멀리서 찾을 것인가.
몸을 떠나 따로 있지 않음이로다.

약욕구불(若欲求佛) 불즉시심(佛卽是心)
심하원멱(心何遠覓) 불리신중(不離身中)

육신은 잠시 잠깐 나툰 것이니
태어남이 있고 죽음도 있지만,
이 진심(眞心)은 허공과 같아서
끊어지지도 않고 변하지도 않는다.

색신시가(色身是假) 유생유멸(有生有滅)
진심여공(眞心如空) 부단불변(不斷不變)

그러므로 이르기를
"온갖 뼈마디가 모두 무너지고 흩어져서
불로 돌아가고 바람으로 돌아가되
한 물건은 영원히 신령스러워
하늘을 덮고 땅을 덮는다."라고 한 것이다.

고운백해궤산(故云百骸潰散) 귀화귀풍(歸火歸風)
일물장령(一物長靈) 개천개지(蓋天蓋地)

2. 마음이 미혹한 채로 도를 닦으면 마침내 어떠한 이익도
   없으니 迷心修道終無利益

슬픈지라 요즘 사람들은 미혹된 지가 오래되어,
자기 마음이 참 부처인 줄 알지 못하고,
자기의 본성이 참 진리라는 것을 알지 못하여

법을 구하고자 하되 멀리 성인들에게 미루며,
부처를 찾고자 하면서
자기의 마음을 관조(觀照)하지 않는다.

차부(嗟夫) 금지인(今之人) 미래구의(迷來久矣)
불식자심시진불(不識自心是眞佛) 불식자성시진법(不識自性是眞法)
욕구법이원추제성(欲求法而遠推諸聖) 욕구불이불관기심(欲求佛而不觀己心)

만약 마음 밖에 부처가 있다 하고
성품 밖에 법이 있다 하여,
이 생각을 굳게 고집하여
부처의 길을 구하고자 할진댄
먼지 같은 세월이 지나도록
몸을 불태우고 팔을 불사르며,
뼈를 부수어 골수를 빼내고,
피를 내어 경전을 베껴 쓰며,
눕지 않고 오래 앉아 참선만 하며,
하루에 아침 한 끼만 먹으며,
나아가서 대장경을 전부 다 읽고,
온갖 고행을 모두 닦는다 해도
이는 모래를 쪄서 밥을 짓는 것과 같아서
단지 스스로 수고로움만 더할 뿐이다.

약언심외유불(若言心外有佛) 성외유법(性外有法) 견집차정(堅執此情)
욕구불도자(欲求佛道者) 종경진겁(縱經塵劫) 소신연비(燒身燃臂)
고골출수(敲骨出髓) 자혈사경(刺血寫經) 장좌불와(長坐不臥)
일식묘재(一食卯齋) 내지전독일대장경(乃至轉讀一大藏經)
수종종고행(修種種苦行) 여증사작반(如蒸沙作飯) 지익자로이(只益自勞爾)

3. 성인과 범부가 한 가지 도로써 다만 한마음을 밝히니
   聖凡一道只明一心

단지 자신의 마음을 알기만 하면
항하사의 모래알처럼 많은 가르침과
헤아릴 수 없는 신묘한 뜻을
구하지 않더라도 저절로 얻게 될 것이다.

단식자심(但識自心) 항사법문(恒沙法門)
무량묘의(無量妙義) 불구이득(不求而得)

그러므로 세존께서 "모든 중생들을 두루 관찰해 보니
모두 다 부처의 지혜와 덕상을 갖추고 있다"하시고,
또 이르시되 "모든 중생의 가지가지 헛된 변화가
모두 부처의 원만한 깨달음의 신묘한 마음에서 난다"
라고 하시니라.

고세존운(故世尊云) 보관일체중생(普觀一切衆生)
구유여래(具有如來) 지혜덕상(智慧德相) 차운일체중생(次云一切衆生)
종종환화(種種幻化) 개생여래원각묘심(皆生如來圓覺妙心)

이에 알라. 이 마음 바깥에
가히 부처를 이룰 수 없음이로다.
과거의 모든 부처님들도
오직 이 마음을 밝히신 분들이시며,
현재의 모든 성현들도 또한
이 마음을 닦는 사람들뿐이다.
그러니 미래에 수행할 사람도
응당 이 법에 의지해야 함이니
바라건대 모든 진리를 수행하는 사람들은
절대로 밖에서 구하지 말아야 한다.
마음의 성품은 본래
스스로 원만히 이루어졌나니
단지 망령된 인연[헛된 망상]을 여의기만 하면
곧 항상 있는 그대로의 부처인 것이다.

시지(是知) 리차심외(離此心外) 무불가성(無佛可成),
과거제여래(過去諸如來) 지시명심저인(只是明心底人)
현재제현성(現在諸賢聖) 역시수심저인(亦是修心底人)
미래수학인(未來修學人) 당의여시법(當依如是法)

원제수도지인(願諸修道之人) 절막외구(切莫外求)
심성무염(心性無染) 본자원성(本自圓成)
단리망연(但離妄緣) 즉여여불(卽如如佛)

4. 중생이 날마다 쓰고 살면서도 이 한 물건을 알지 못하니
   衆生日用不知這一物

[묻되] 만약 불성이 지금 이 몸에 있다면,
이미 이 몸 안에 있어서 범부를 떠난 것이 아닌데
어째서 저는 지금 여기서 불성을 보지 못합니까?
다시 자세히 설명하시어
실답게 깨닫도록 하여주소서.

문약불성(問若佛性) 현재차신(現在此身)
기재신중(旣在身中) 불리범부(不離凡夫)
인하아금(因何我今) 불견불성(不見佛性)
갱위소석(更爲消釋) 실령개오(悉令開悟)

[답하되] 그대 몸 속에 있는데
그대가 스스로 보지 못할 뿐이다.
그대가 하루 중에 배고프다는 것을 알며,
목마르다 하는 것을 알고,
춥다는 것을 알며, 덥다는 것을 알고,

화내고 있다는 것을 알며, 기뻐한다는 것을 아니
과연 아는 자는 어떤 물건인가?
이 몸은 지수화풍(地水火風)의
네 가지 인연이 모여 이루어진 것이니,
그 재질이 무디고 알음알이가 없는데
어찌 능히 보고, 듣고, 깨달아 알 수 있겠는가.
능히 보고, 듣고, 깨달아 알아차리는 것이
반드시 그대의 불성인 것이다.

답재여신중(答在汝身中) 여자불견(汝自不見) 여어십이시중(汝於十二時中)
지기지갈(知飢知渴) 지한지열(知寒知熱) 혹진혹희(或嗔或喜)
경시하물(竟是何物) 차색신(且色身) 시지수화풍(是地水火風)
사연소집(四緣所集) 기질완이무정(其質頑而無情)
기능견문각지(豈能見聞覺知) 능견문각지자(能見聞覺知者)
필시여불성(必是汝佛性)

그러므로 임제가 이르길
"지수화풍으로 이루어진 이 육신은
진리를 설명할 수 없고 진리를 듣지도 못하며,
허공도 진리를 설명할 수 없고 진리를 듣지 못한다.
오로지 그대 눈앞에 또렷하게 빛나서
형체를 지니지 않은 그것이야말로 비로소
진리를 설명하고 들을 수 있다"라고 하였다.

여기서 말하는 '형체가 없는 그것'이
바로 모든 부처의 진리의 도장 법인(法印)이며
또한 그대의 본래 마음이다.
그러므로 불성이 지금 그대의 몸에 드러나 있는데
어찌 밖에서 구하리오!
만약 그대가 내 말을 못 믿겠거든
옛 성인들이 도에 들게 된 인연을 간략히 들어
그대로 하여금 의심을 없애 주고자 함이니
그대는 모름지기 자세히 듣고 믿기 바란다.

고임제운(故臨濟云) 사대불해설법청법(四大不解說法聽法)
허공불해설법청법(虛空不解說法聽法) 지여목전(只汝目前)
역역고명(歷歷孤明) 물형단자(勿形段者) 시해설법청법(始解說法聽法)
소위물형단자(所爲勿形段者) 시제불지법인(是諸佛之法印)
역시여본래심야(亦是汝本來心也) 즉불성(則佛性) 현재여신(現在汝身)
하가외구(何假外求) 여약불신(汝若不信) 약거고성(略擧古聖)
입도인연(入道因緣) 영여제의(令汝除疑) 여수체신(汝須諦信)

5. 옛것을 들어 밝게 증명하니 擧古明證

옛날에 이견왕(異見王)이
바라제(婆羅提)존자에게 물었다.
"무엇을 부처라고 합니까?"

존자 답하길 "성품을 보는 것이 부처입니다."
왕이 묻기를 "스님은 성품을 보았습니까?"
존자 답하길 "나는 불성(佛性)을 보았습니다."
왕이 묻기를
"그 불성이라는 것은 어느 곳에 있습니까?"
존자 답하길 "불성은 작용하는 가운데 있습니다."

석이견왕(昔異見王), 문바라제존자(問婆羅提尊者),
왕왈(王曰) 하자시불(何者是佛),
존자왈(尊者曰), 견성시불(見性是佛),
왕왈(王曰), 사견성부(師見性否),
존자왈(尊者曰), 아견불성(我見佛性),
왕왈(王曰) 성재하처(性在何處),
존자왈(尊者曰), 성재작용(性在作用)

왕이 묻기를
"어떻게 작용하기에 나는 지금 보지 못합니까?"
존자 말하기를 "지금도 작용을 나타내고 있는데
왕께서 스스로 보시지 못할 뿐입니다."
왕이 묻기를 "나에게도 그것이 있다는 것입니까?"
존자 답하길
"왕이 작용하고 있다면 모두가

불성 아닌 것이 없지만 만약 작용하지 않는다면
체(體) 또한 보기 어려울 것입니다."

왕왈(王曰) 시하작용(是何作用) 아금불견(我今不見)
존자왈(尊者曰) 금현작용(今現作用) 왕자불견(王自不見)
왕왈(王曰) 어아유부(於我有否)
존자왈(尊者曰) 왕약작용(王若作用)
무유불시(無有不是) 왕약불용(王若不用) 체역난견(體亦難見)

왕이 묻기를
"만약 작용할 때는 몇 곳에서 나타납니까?"
존자 답하길
"나타날 때는 여덟 군데로 나타납니다."
왕이 묻기를
"그 나타나는 여덟 군데를
나를 위해 설명해 주십시오."
존자 답하길
"태(胎)안에 있으면 몸이라 하고,
세상에 나오면 사람이라 하며,
눈에 있으면 보는 놈이라 하고,
귀에 있으면 듣는 놈이라 하고,
코에 있으면 냄새를 맡고,
혀에 있을 땐 말을 하고,

손에 있으면 붙잡으며,
발에 있으면 부지런히 걷습니다.
두루 나타나면 온 세계를 다 감싸지만
거두어들이면 하나의 티끌 속에 있습니다.
아는 자는 이것이 곧 불성인 줄을 알지만
모르는 자들은 정혼(情魂)이라 부릅니다."
왕은 이 말을 듣고 마음이 바로 열리었다.

왕왈약당용시(王曰若當用時) 기처출현(幾處出現)
존자왈(尊者曰) 약출현시(若出現時) 당유기팔(當有其八)
왕왈기팔출현(王曰其八出現) 당위아설(當爲我說)
존자왈(尊者曰) 재태왈신(在胎曰身) 처세왈인(處世曰人)
재안왈견(在眼曰見) 재이왈문(在耳曰聞)
재비변향(在鼻辨香) 재설담론(在舌談論)
재수집착(在手執捉) 재족운분(在足運奔)
현구해사계(現俱該沙界) 수섭재일미진(收攝在一微塵)
식자지시불성(識者知是佛性)
불식자환작정혼(不識者喚作精魂)
왕문심즉개오(王聞心卽開悟)

또 어떤 스님이 귀종(歸宗)화상에게 물었다.
"무엇이 부처입니까?"
귀종화상이 말했다.
"내가 지금 그대에게 말하려 하나

그대가 믿지 않을까 두렵다."
"화상께서 내려주신 가르침의 말씀을
어찌 감히 믿지 않겠습니까?"
화상이 말했다. "곧 너이니라."

우승(又僧) 문귀종화상(問歸宗和尙) 여하시불(如何是佛)
종운(宗云) 아금향여도(我今向汝道) 공여불신(恐汝不信)
승운(僧云) 화상계언(和尙誡言) 언감불신(焉敢不信)
사운(師云) 즉여시(卽汝是)

그 스님이 묻기를 "어떻게 지켜 가지오리까?"
"눈에 가리어진 것이 있으면
허공 꽃이 어지러이 떨어지느니라."
묻던 그 스님은 이 말 아래 살피는 바가 있었다.

승운(僧云) 여하보임(如何保任)
사운(師云) 일예재안(一翳在眼) 공화난추(空花亂墜),
기승(其僧) 언하유성(言下有省)

위로부터 내려온 바 옛 성현이
도에 들어간 인연이 명백하고 간결하여,
성찰하는데 힘들지 않음이로다.
이로 인한 공안(公案)에

만약 이해하고 믿는 바가 있다면
옛 성현들과 손을 맞잡고 함께 행할 것이다.

상래소거고성(上來所擧古聖) 입도인연(入道因緣)
명백간이(明白簡易) 불방성역(不妨省力)
인차공안(因此公案) 약유신해처(若有信解處)
즉여고성(卽與古聖) 파수공행(把手共行)

6. 깨달음에 의지하여 닦을 뿐 일시에 몰록 신통이 나타나지 않으니 依悟而修非一時頓現神通

[묻되] 스님께서 말씀하시는 견성(見性)이
진짜 견성이라면, 견성하는 즉시 성인이 되어
신통변화를 나타내서
보통 사람과는 달라야 할 것입니다.
그런데 무슨 이유로
요즘 마음 닦는 사람들은 한 사람도
신통변화를 나타내는 사람이 없습니까?

문여언견성(問汝言見性) 약진견성(若眞見性)
즉시성인(卽是聖人) 응현신통변화(應現神通變化) 여인유수(與人有殊)
하고금시수심지배(何故今時修心之輩) 무유일인(無有一人)
발현신통변화야(發現神通變化耶)

[답하되] 그대는 미친 말을
가벼이 내뱉지 말라.
사악한 것[邪]과 올바른 것[正]을
가리지 못하는 것이
미혹에 이른 사람이 되는 것이다.

답여부득경발광언(答汝不得輕發狂言)
불분사정(不分邪正)
시위미도지인(是爲迷倒之人)

요즘 도를 배우는 사람들이
입으로는 진리를 말하지만
마음은 뒤로 물러날 궁리만 해서
도리어 내 분수에 없다는 착각에 빠지고 마니,
다 그대가 의심하는 바이다.

금시학도지인(今是學道之人) 구담진리(口談眞理)
심생퇴굴(心生退屈)
반타무분지실자(返墮無分之失者)
개여소의(皆汝所疑)

도를 공부하면서 먼저 해야 할 것과
뒤에 해야 할 것[先後]을 모르고,

진리를 말하면서 본질적인 것과
말단적인 것[本末]을 분별하지 못한다면
이를 일컬어 삿된 견해[邪見]일 뿐
수행[修學]이라 이름 할 수 없다.

학도이불지선후(學道而不知先後)
설리이불분본말자(說理而不分本末者)
시명사견(是名邪見) 불명수학(不名修學)

이는 자신만 그르칠 뿐만 아니라
겸하여 남도 잘못되게 만드는 것이니
어찌 가히 삼가하지 않아서 되겠는가.

비유자오(非唯自誤) 겸역오타(兼亦誤他)
기가불신여(其可不愼歟)

대저 도에 들어가는 문은 많지만
요약해 말해 본다면
돈오(頓悟)와 점수(漸修)라는 두 문에 불과하다.

부입도다문(夫入道多門)
이요언지(以要言之)
불출돈오점수양문이(不出頓悟漸修兩門耳)

비록 돈오(頓悟)와 돈수(頓修)는
최상의 근기(根機)를 가진 사람만이
들어갈 수 있다고 하지만,
그 과거를 미루어 따져보면
이미 수많은 생을 살아오면서
깨달음[頓悟]에 의지해 닦으면서[漸修]
점진적으로 닦아 오다가,
금생에 이르러 진리를 듣자마자
즉시 깨달아 한꺼번에 모든 일을 마친 것이다.
진실을 말해 본다면 이것[頓悟漸修] 또한
먼저 깨닫고 뒤에 닦은 근기이다.

수왈돈오돈수(雖曰頓悟頓修) 시최상근기득입야(是最上根機得入也)
약추과거(若推過去) 이시다생(已是多生) 의오이수(依悟而修)
점훈이래(漸熏而來) 지어금생(至於今生) 문즉발오(聞卽發悟)
일시돈필(一時頓畢) 이실이론(以實而論)
시역선오후수지기야(是亦先悟後修之機也)

곧 이 돈오와 점수의 두 문은
모든 성인들이 밟아온 길이니,
과거의 모든 성인들도
먼저 깨닫고 뒤에 닦았으며,

그 닦은 바에 따라 경지를 증득하셨다.
말한 바 신통변화는
깨달음에 의지해 닦아가는 중에
점진적으로 변화하면서 나타나는 것이지
깨달았다고 즉시 나타나는 것이 아니다.

즉이차(則而此) 돈점양문(敦漸兩門)
시천성궤철야(是千聖軌轍也) 즉종상제성(則從上諸聖)
막불선오후수(莫不先悟後修) 인수내증(因修乃證)
소언신통변화(所言神通變化) 의오이수(依悟而修)
점훈소현(漸熏所現) 비위오시(非謂悟時) 즉발현야(卽發現也)

저 경에 이르시길 이치는 몰록 깨달았으나
깨달음에 올라타서 아울러 없애고
오래 익혀온 습(習)은
몰록 없애지는 것이 아니라
이로 인하여 차례로 없애는 것이다.

여경운(如經云) 이즉돈오(理卽頓悟) 승오병소(乘悟併消)
사비돈제(事非頓除) 인차제진(因次第盡)

그러므로 규봉스님도,
먼저 깨닫고 뒤에 닦아나가는 뜻을

깊이 밝혀 말씀하시기를
"얼어 있는 연못이
온전히 물이라는 사실을 알더라도
햇빛을 빌려야 실제로 녹여서
물로 만들 수 있는 것과 같이,
범부도 곧 부처라는 사실을 깨달아 알더라도
법의 힘을 빌려서 익히고 닦아야 함이요.
얼음이 녹아 물이 되어 흐르고 적실 수 있어야
그 물에 씻을 수 있는 것과 같이,
어리석은 인연이 다한즉 마음이 신령하게 통하여
신통과 광명한 작용을 나타낼 수 있을 것이다."
라고 하였다.

고규봉(故圭峰) 심명선오후수지의왈(深明先悟後修之義曰)
식빙지이전수(識氷池而全水) 차양기이용소(借陽氣以鎔消)
오범부이즉불(悟凡夫而卽佛) 자법력이훈수(資法力以薰修)
빙소즉수류윤(氷消卽水流潤) 방정개척지공(方呈漑滌之功)
망진즉심영통(妄盡則心靈通) 응현통광지용(應現通光之用)

이에 알라. 일에 있어서 신통변화는
하루아침에 능히 이루어지는 것이 아니라
점차적으로 익히고 닦아야만
나타낼 수 있는 것임을 잘 알 수 있다.

하물며 일 위의 신통이란,
깨달은 사람의 경지에서 보면
오히려 요사스럽고 괴이한 일이며,
또한 성인에게도 말단의 일이라서
비록 신통력이 나타나더라도
사용하려고 하지 않는다.

시지사상신통변화(是知事上神通變化)
비일일지능성(非一日之能成)
내점훈이발현야(乃漸熏而發現也)
황사상신통(況事上神通)
어달인분상(於達人分上)
유위요괴지사(猶爲妖怪之事)
역시성말변사(亦是聖末邊事)
수혹현지(雖或現之) 불가요용(不可要用)

그런데 요즘 어리석은 무리들은
망령되이 말하기를
"한 생각 깨달으면 곧 따라
끝없는 신묘한 작용과 신통변화가 나타난다."
라고 말하고 있다.

금시미치배(今時迷癡輩) 망위일념오시(妄謂一念悟時)
즉수현무량묘용신통변화(卽隨現無量妙用神通變化)

만약 이런 견해를 가진다면
이른바 먼저 해야 할 것과
뒤에 해야 할 것[先後]을 알지 못하는 것이며,
또한 본질적인 것과 말단적인 것[本末]을
분별하지 못하는 것이니,
이미 선후와 본말을 알지 못하고
부처의 길을 구하려 하는 것은 마치
네모난 나무를 가지고
둥근 구멍에 끼우려는 것과 같으니
어찌 큰 잘못이 아니겠는가.

약작시해(若作是解)
소위부지선후(所謂不知先後)
역불분본말야(亦不分本末也)
기불지선후본말(旣不知先後本末)
욕구불도(欲求佛道) 여장방목(如將方木)
두원공야(逗圓孔也) 기비대착(豈非大錯)

이미 방편(方便)을 모르기 때문에
절망적인 생각을 내어
스스로 물러나려는 마음을 내어
부처가 될 수 있는 씨앗을
끊어 버리는 이가 적지 않다.

기부지방편고(旣不知方便故)
작현애지상(作懸崖之想)
자생퇴굴(自生退屈)
단불종성자(斷佛種性者)
불위불다의(不爲不多矣)

이미 스스로가 밝지 못함으로써
다른 사람의 깨달음까지도 믿지 않고,
견성을 하였다 하더라도
신통력이 없다고 하는 사람을 보면
곧장 무시하려고 든다.
이것은 성현을 속이는 일이니
참으로 슬프지 않겠는가!

기자미명(旣自未明) 역미신타인(亦未信他人)
유해오처(有解悟處) 견무신통자(見無神通者)
내생경만(乃生輕慢) 기현광성(欺賢誑聖)
양가비재(良可悲哉)

7. 먼저 돈오와 점수를 가리니 先辨頓悟漸修

[묻되] 스님께서는 단박 깨달음과
점진적으로 닦아감의 두 가지 문이
모든 성인들이 밟아온 길이라 하였습니다.
그 깨달음이 이미 돈오라면
어찌하여 점수를 해야 합니까?
또한 닦아감이 점수라면
어찌하여 돈오를 말씀하시는 것입니까?
돈오와 점수의 두 가지 뜻을
다시 설명하여 남은 의심을 끊게 해 주십시오.

문여언돈오점수양문(問汝言頓悟漸修兩門)
천성궤철야(千聖軌轍也) 오기돈오(悟旣頓悟)
하가점수(何假漸修) 수약점수(修若漸修)
하언돈오(何言頓悟) 돈점이의(頓漸二義)
갱위선설(更爲宣說) 영절여의(令絶餘疑)

[답하되] 돈오라는 것은 일반인이 미혹했을 때,
지수화풍(地水火風) 사대(四大)가 모인 것을
우리 자신의 몸이라 여기고,
망령된 생각을 마음으로 삼아서,

자신의 본성이 참 법신(法身)임을 알지 못하고,
자신의 신령스러운 앎이
바로 참 부처인 줄을 알지 못해서
마음 바깥에서 부처를 찾아 이리 저리 헤매다가
문득 선지식의 가르침으로 올바른 길에 들어서서,
한 생각이 일어남에 그 생각이 나온 자리로
의식의 빛을 돌이켜 자신의 본성을 똑똑히 보고서,
이 본성 자리는 원래부터
번뇌가 붙을 수 없는 자리이며,
이 번뇌성이 없는 신령스러운 앎의 성품은
본래부터 자신에게 이미 넉넉히 갖추어져 있어서,
모든 부처와 더불어 털끝만큼도
다르지 않았음을 알게 된다.
때문에 이를 돈오라 하는 것이다.

답돈오자(答頓悟者) 범부미시(凡夫迷時)
사대위신(四大爲身) 망상위심(妄想爲心)
불지자성(不知自性) 시진법신(是眞法身)
불지자기영지(不知自己靈知) 시진불야(是眞佛也)
심외멱불(心外覓佛) 파파낭주(波波浪走)
홀피선지식(忽被善知識) 지시입로(指示入路)
일념회광(一念廻光) 견자본성(見自本性)
이차성지(而此性地) 원무번뇌(原無煩惱)
무루지성(無漏智性) 본자구족(本自具足)

즉여제불(卽與諸佛) 분호불수(分毫不殊)
고운돈오야(故云頓悟也)

점수라는 것은 비록 자신의 본성이
부처와 다를 것이 없음을 깨달았으나,
시작 없는 과거부터
오랜 세월 동안 익혀온 습기(習氣)는
졸지에 없애기 어려우므로
그 깨달음에 의지해 닦으면서[漸修]
점진적으로 변화하여 공부를 이루는 것이니,
성인의 태아[聖胎]를 잘 기르고 배양함이
오래된 뒤에야 진정한 성인이 될 수 있는 것이다.
때문에 이를 점수라고 한다.

점수자(漸修者) 수오본성(雖悟本性)
여불무수(與佛無殊), 무시습기(無始習氣)
졸난돈제고(卒難頓除故) 의오이수(依悟而修)
점훈공성(漸熏功成) 장양성태(長養聖胎)
구구성성(久久成聖) 고운점수야(故云漸修也)

비유하자면 아이가 처음 태어났을 때
모든 감각기관을 이미 갖추고 있는 것이
어른과 더불어 다를 바가 없지만,

아직 그 힘이 충분하지 못하여
세월이 제법 지난 뒤에야
비로소 사람 구실을 하는 것과 같은 것이다.

비여해자(比如孩子) 초생지일(初生之日) 제근구족(諸根具足)
여타무이(與他無異) 연기력미충(然其力未充) 파경세월(頗經歲月)
방시성인(方始成人)

8. 방편으로 깨달음을 구하려고 굴리고 굴리다 넘어져
   지나치니 求悟方便轉轉蹉過

[묻되] 어떤 방편을 써야 한 생각을 돌이켜서
자신의 본성[自性]을 깨달을 수 있겠습니까?

문작하방편(問作何方便) 일념회기(一念廻機) 편오자성(便悟自性)

[답하되] 단지 그대 자신의 마음일 뿐인데,
다시 무슨 방편을 쓴다는 말인가?
만약 방편을 써서 다시 알려고 한다는 것은
마치 어떤 사람이 자신의 눈을
직접 보지 못하기 때문에
자신의 눈이 없다고 여기면서
다시 그 눈을 직접 보려고 하는 것과 같다.

답지여자심(答只汝自心) 갱작십방편(更作什方便)
약작방편(若作方便) 갱구해회(更求解會)
비여유인(比如有人) 불견자안(不見自眼)
이위무안(以謂無眼) 갱욕구견(更欲求見)

이미 자신의 눈인데
어찌하여 다시 보려고 하는가.

기시자안(旣是自眼)
여하갱견(如何更見)

만약 잃어버리지 않았다는 것만 안다면
이미 그 눈을 본 것과 같을 것이다.
다시 보고자 하는 마음이 없다면
어찌 보지 못하였다는 생각이 있을 수 있겠는가.

약지불실(若知不失) 즉위견안(卽爲見眼)
갱무구견지심(更無求見之心)
기유불견지상(豈有不見之想)

자기의 신령스런 앎도 또한 이와 같아서
이미 이 스스로의 마음이라
어찌 앎을 구하리오!

자기영지(自己靈知) 역부여시(亦復如是)
기시자심(既是自心) 하갱구회(何更求會)

만약 알기를 구한다면
마침내 알 수 없을 것이다.
다만 알지 못하는 것인 줄 알면
이것이 바로 견성이다.

약욕구회(若欲求會) 편회부득(便會不得)
단지불회(但知不會) 시즉견성(是卽見性)

9. 공적과 영지를 곧바로 보이니 直示空寂靈知

[묻되] 지혜가 뛰어난 사람들은
듣는 즉시 쉽게 이해하겠지만
중간 근기나 아래 근기의 사람들은
의심이 생길 것이니,
다시 방편을 설하여
미혹한 사람들도 깨닫도록 해주십시오.

문상상지인(問上上之人) 문즉이회(聞卽易會)
중하지인(中下之人) 불무의혹(不無疑惑)
갱설방편(更說方便) 영미자취입(令迷者趣入)

[답하되] 도(道)는 안다는 것에
속해 있지도 않고
모른다는 데 속해 있지도 않다.
그대는 어리석음을 간직한 채로
깨닫기를 바라는 허황된 마음을 내버리고
나의 말을 잘 들어라.
모든 현상[法]은 꿈과 같고 허깨비와 같다.
그러므로 망령된 생각은 본래 고요하고,
오감과 의식의 대상[塵境]은
본래 텅 빈 것이다.

답도불속지부지(答道不屬知不知)
여제각장미대오지심(汝除却將迷待悟之心)
청아언설(廳我言說) 제법여몽(諸法如夢)
역여환화(亦如幻化) 고망념본적(故妄念本寂)
진경본공(塵境本空)

모든 현상[사물]들이 텅 빈 그 자리에서도
신령스러운 앎은 어둡지 않으니,
이 텅비고 고요하되
신령스럽게 아는 이 마음[空寂靈知之心]이야말로
바로 그대의 본래(本來) 면목(面目)이며,

삼세[과거, 현재, 미래]의
모든 부처들과 역대 조사들,
천하의 선지식들이
비밀스럽게[密] 서로 전해온
진리의 도장[法印]이다.

제법(諸法) 개공지처(皆空之處) 영지불매(靈知不昧)
즉차공적영지지심(卽此空寂靈知之心)
시여본래면목(是汝本來面目)
역시삼세제불(亦是三世諸佛)
역대조사(歷代祖師) 천하선지식(天下善知識)
밀밀(密密) 상전저법인야(相傳底法印也)

만약 이 마음을 깨닫는다면
참으로 단계를 거치지 않고
곧장 부처의 경지에 올라
걸음걸음이 모두 삼계를 초월하여
고향집에 돌아가[歸家]
단박에 의심을 끊는다는 경지가 될 것이다.

약오차심(若悟此心)
진소위불천계제(眞所謂不踐階梯)
경등불지(徑登佛地) 보보초삼계(步步超三界)
귀가돈절의(歸家頓絕疑)

문득 더불어
사람과 하늘의 스승이 되고,
자비와 지혜가 서로 도와
나도 이롭고 남도 이롭게 할 것이니,
사람과 천인의 공양을 받는 것을
감당할 수 있게 되는 것이라
하루 만량의 황금을
소비해도 무방(無妨)할 것이다.

편여인천위사(便與人天爲師)
비지상자(悲智相資) 구족이리(具足二利)
감수인천공양(堪受人天供養)
일소만량황금(日消萬兩黃金)

그대가 만약 이와 같을 수 있다면
참다운 대장부로서
일생에 해야 할 가장 중요한 일을
이미 끝냈다고 하겠다.

여약여시(汝若如是) 진대장부(眞大丈夫)
일생능사기필의(一生能事己畢矣)

10. 곧바로 마음을 가리켜서 본래 부처임을 알게 하니
   直指人心本來是佛

[문되] 내게 있어서 어떤 것이
텅 비어 고요[空寂]하되,
신령스럽게 아는[靈知] 마음입니까?

문거오분상(問據吾分上)
하자시공적영지지심야(何者是空寂靈知之心耶)

[답하되] 그대가 지금 내게 묻는
그것이 바로 그대의 텅 비어 고요하되
신령스럽게 아는 그 마음이다.

답여금문아자(答汝今問我者)
시여공적영지지심(是汝空寂靈知之心)

어째서 돌이켜 비춰보지 않고
밖으로 찾아 헤매는가.

하불반조(何不返照)
유위외멱(猶爲外覓)

내가 지금 그대의 경지에 의거해서
그대의 본래 마음을 곧장 가리켜서
그대로 하여금 깨닫도록 할 것이니
그대는 마음을 깨끗이 하고 내 말을 들어라.

아금거여분상(我今據汝分上) 직지본심(直指本心)
영여변오(令汝便悟) 여수정심(汝須淨心) 청아언설(聽我言說)

아침부터 저녁까지 하루 중에 보기도 하고,
듣기도 하며, 웃기도 하고, 말하기도 하며,
화를 내거나 기뻐하기도 하며,
옳다고 우기기도 하고,
그르다고 비방하기도 하면서
갖가지로 활동하고 움직인다.
자, 말해보라 능히 이렇게 움직이고
활동하는 자는 누구냐?

종조지모(從朝至暮) 십이시중(十二時中)
혹견혹문(或見或聞) 혹소혹어(或笑或語)
혹진혹희(或瞋或喜) 혹시혹비(或是或非)
종종시위운전(種種施爲運轉)
차도필경시수(且道畢竟是誰)
능이마운전시위야(能伊麽運轉施爲耶)

만약 육신이 스스로 움직인다면,
무슨 이유로 방금 죽은 사람의 몸은
아직 썩지 않았는데도
눈으로 스스로 보지 못하고,
귀는 들을 수 없으며,
코로 냄새를 맡지 못하고,
혀로 말하지 못하며,
몸으로 움직이지 못하고,
손으로 붙잡지 못하고,
발로 분주히 돌아다니지 못하는가.

약언색신운전(若言色身運轉) 하고유인(何故有人),
일념명종(一念命終) 도미괴란(都未壞爛) 즉안불자견(卽眼不自見)
이불능문(耳不能聞) 비불변향(鼻不辨香) 설불담론(舌不談論)
신불동요(身不動搖) 수불집착(手不執捉) 족불운분야(足不運奔耶)

이렇게 볼 때 능히 보고, 듣고,
움직이는 것은 반드시 그대의 본래 마음이니,
그대의 육신은 아니라는 사실을 알 수 있다.

시지능견문동작(是知能見聞動作)
필시여본심(必是汝本心) 불시여색신야(不是汝色身也)

하물며 사대(四大)의 성품은 텅 비어 있어서
거울 속의 모양과 같고 물 속의 달과 같다.
그런데 어찌 항상 또렷하게 알며,
밝고 밝아 어둡지 않아
항하의 모래 수와 같은
묘용을 일으킬 수 있겠는가.

황차색신(況此色身) 사대성공(四大性空)
여경중상(如鏡中像) 역여수월(亦如水月)
기능요요상지(豈能了了常知) 명명불매(明明不昧)
감이수통항사묘용야(感而遂通恒沙妙用也)

그러므로 "신통과 묘한 작용은 물을 긷고,
나무를 나르는 것이다."라고 하는 것이다.

고운신통병묘용(故云神通幷妙用)
운수급반시(運水及搬柴)

11. 소리를 관하여 진리로 들어가는 문을 가리켜 보이니
   指示觀音入理之門

진리에 들어가는 길에는 여러 가지가 있으니,
그대에게 하나의 문을 가르쳐 주어

그대로 하여금 그대의 근원으로
돌아갈 수 있게 하리라.
그대는 지금 저 까마귀가 울며
까치가 지저귀는 소리를 듣고 있는가?

차입리다단(且入理多端)
지여일문(指汝一門) 영여환원(令汝還源)
여환문아명작조지성마(汝還聞鴉鳴鵲噪之聲麽)

예, 듣고 있습니다.

왈문(曰聞)

그렇다면 소리를 듣는
그대 성품을 돌이켜 들어보라.
그 듣는 성품 자리에
이런저런 소리들이 있는가?

왈여반문여문성(曰汝返聞汝聞性)
환유허다성마(還有許多聲麽)

이 자리 이르러서는 소리와
분별도 일체 없습니다.

왈도저리(曰到這裏) 일체성일체분별(一切聲一切分別)
구불가득(俱不可得)

기특하고 기특하다
이것이 이 소리를 관하여
진리에 들어가는 문이로다.

왈기재기재(曰奇哉奇哉),
차시관음입리지문(此是觀音入理之門)

내가 다시 그대에게 묻겠다.
그대가 그 자리에 이르렀을 때
거기에 소리도 분별도 일체 없었다고 하였다.
이미 아무 것도 얻을 수 없다면
그러한 때는 텅 비어 있는 허공이 아니겠는가?

아경문이(我更問爾) 이도도저리(爾道到這裏)
일체성(一切聲) 일체분별(一切分別)
총불가득(總不可得) 기불가득(旣不可得)
당이마시(當伊麽時) 막시허공마(莫是虛空麽)

원래 허공과 같이 텅 비어 있지 않아서
밝고 밝아 어둡지가 않습니다.

왈원래불공(曰元來不空)
명명불매(明明不昧)

어떤 것이
이 비어 있지 않은 본체인가?

왈작마생(曰作麽生)
시불공지체(是不空之體)

형상과 모양이 없어서
말로 표현할 수 없습니다.

왈역무상모(曰亦無相貌)
언지불가급(言之不可及)

그것이 바로 모든 부처님과 조사들의 생명이니
다시는 의심하지 말라.

왈차시제불제조수명(曰此是諸佛諸祖壽命)
갱막의야(更莫疑也)

이미 형상과 모양이 없으니
어찌 크고 작음이 있겠으며,
이미 크고 작음이 없으니 어찌 한계가 있겠는가.
한계가 없으니 안과 밖이 없으며,

안과 밖이 없으니 멀고 가까움이 없다.
멀고 가까움이 없으니 나와 남이 없으며,
나와 남이 없으니 오고 감이 없다.
오고 감이 없으니 태어나고 죽는 것이 없고,
태어나고 죽는 것이 없으니 예전과 지금이 없다.
예전과 지금이 없으니
미혹함과 깨달음이 없으며,
미혹함과 깨달음이 없으니
중생과 부처가 없다.
중생과 부처가 없으니
오염됨과 청정함이 없으며,
오염됨과 청정함이 없으니 옳고 그름이 없다.
옳고 그름이 없으니
일체의 이름과 언어가 있을 수 없다.
이와 같은 일체의 의식과 감각기관과 그 대상,
일체의 망령된 생각이 모두 없다면
갖가지 형상과 모양과 갖가지의 이름과
언어를 모두 얻을 수 없을 것이니,
이야말로 어찌 본래에 텅 비어 고요[空寂]하며
본래부터 어떤 물건[物]도 없는
그 자리가 아니겠는가.

기무상모(旣無相貌) 환유대소마(還有大小麽)
기무대소(旣無大小) 환유변제마(還有邊際麽)
무변제고(無邊際故) 무내외(無內外) 무내외고(無內外故) 무원근(無遠近)
무원근고(無遠近故) 무피차(無彼此) 무피차즉무왕래(無彼此則無往來)
무왕래즉무생사(無往來則無生死) 무생사즉무고금(無生死則無古今)
무고금즉무미오(無古今則無迷悟) 무미오즉무범성(無迷悟則無凡聖)
무범성즉무염정(無凡聖則無染淨) 무염정즉무시비(無染淨則無是非)
무시비즉일체명언(無是非則一切名言) 구불가득(俱不可得)
기총무여시(旣總無如是) 일체근경(一切根境) 일체망념(一切妄念)
내지종종상모(乃至種種相貌) 종종명언(種種名言) 구불가득(俱不可得)
차기비본래공적(此豈非本來空寂) 본래무물야(本來無物也)

그러나 일체의 형상 모두 텅 빈 그 자리에
신령스럽고 지혜로우며
어둡지 않아서 무정물과는 다른,
신령스러운 인식능력을 지닌 본성이 있으니,
이것이 바로 그대의 텅 비고 고요하되
신령스럽게 아는 청정한 마음의 본체이다.
이 청정하고 텅 비어 고요한 마음은
과거·현재·미래[三世]의 모든 부처님들의
뛰어나신 청정하고 밝은 마음이며,
또한 일체 중생의 뿌리가 되는
깨달아 알아차리는 본성이니,

이 본성자리만 깨닫고 지킬 수 있다면
앉은 자리에서 움직일 필요도 없이
그대로 해탈할 것이며,
이것에 어리석어 등진다면 여섯 가지 세계를
돌고 돌면서 끝없는 세월을 윤회할 것이다.
그런고로 이르되
"한 마음에 대해 어리석어
여섯 가지 세계를 돌고 도는 자는
진리를 떠난 것이며,
진리의 세계를 깨달아 한 마음을 회복한 자는
진리에 다시 복귀한 것이며 고요한 것이다."
라고 말하는 것이다.
비록 '어리석다'·'깨달았다'의 차이는 있으나
그 근본은 하나일 뿐이다.
그러므로 "진리란 중생의 마음을 말한다."
라고 하는 것이다.
이 텅 비고 고요한 마음은 성인이라고 해서
더 불어나는 것도 아니고,
범부라고 해서 더 줄어드는 것도 아니다.

연(然) 제법개공지처(諸法皆空之處)
영지불매(靈知不昧) 부동무정(不同無情) 성자신해(性自神解)
차시여(此是汝) 공적영지청정심체(空寂靈知淸淨心體)
이차청정공적지심(而此淸淨空寂之心)
시삼세제불(是三世諸佛) 승정명심(勝淨明心)
역시중생(亦是衆生) 본원각성(本源覺性)
오차이수지자(悟此而守之者) 좌일여이부동해탈(坐一如而不動解脫)
미차이배지자(迷此而背之者) 왕육취이장겁윤회(往六趣而長劫輪廻)
고운미일심이왕육취자(故云迷一心而往六趣者)
거야동야(去也動也) 오법계이부일심자(悟法界而復一心者)
래야정야(來也靜也) 수미오지유수(雖迷悟之有殊)
내본원즉일야(乃本源則一也)
소이(所以) 운언법자(云言法者) 위중생심(謂衆生心)
이차공적지심(而此空寂之心) 재성이불증(在聖而不增)
재범이불감(在凡而不減)

그러므로 "성인의 지혜에 담겨 있다고 해서
더 빛나는 것도 아니고
범부의 마음 속에 숨어 있다고 해서
더 어둡지 않다."라고 말하는 것이다.
이미 성인이라 해서 더 불어나는 것도 아니요,
범부라 해서 더 줄어드는 것이 아니라면
부처나 조사들은 어찌하여
일반 사람들과 다른 것인가?

고운재성지이불휘(故云在聖智而不輝)
은범심이불매(隱凡心而不昧) 기부증어성(旣不增於聖)
불소어범(不少於凡) 불조해이이어인(佛祖奚以異於人)

그들이 일반 사람들과 다른 점은
자기 마음과 생각을
잘 보호할 수 있다는 것일 뿐이다.

이소이이어인자(而所以異於人者)
능자호심념이(能自護心念耳)

12. 끝맺음을 권하노니 結勸

그대가 만약 이 말을 믿어서
의심이 단박에 없어지고
대장부의 뜻을 내어 참되고
바른 견해를 일으켜서 직접 그 맛을 보고
스스로 긍정하는 경지에 이른다면,
이것이 바로 마음을 닦는 사람의
깨달은 자리가 되는 것이다.

여약신득급(汝若信得及) 의정돈식(疑情頓息)
출장부지지(出丈夫之志) 발진정견해(發眞正見解)
친상기미(親嘗其味) 자도자긍지지(自到自肯之地)
즉시위수심인(則是爲修心人) 해오처야(解悟處也)

여기에는 계급이나
차례가 없으므로 돈(頓)이라 한다.

갱무계급차제(更無階級次第)
고운돈야(故云頓也)

이르시길 믿음의 요인 가운데
부처의 경지와 덕이 계합하여
털끝만큼도 차이도 없음일세,
비로소 믿음을 이루었다 할 것이다.

여운어신인중(如云於信因中) 계제불과덕(契諸佛果德)
분호불수(分毫不殊) 방성신야(方成信也)

13. 깨달은 후에 점점 닦아야 함을 거듭 보이니 重示悟後漸修

[묻되] 이미 이러한 진리를 깨달아서
다시는 계급이 없을진댄
어찌 뒤에 닦음을 빌려서
점진적으로 익히고
점진적으로 이루어야 하는 것입니까?

문기오차리(問旣悟此理) 갱무계급(更無階級)
하가후수(何假後修) 점훈점성야(漸熏漸成耶)

[답하되] 깨달은 뒤에
점진적으로 닦아야 한다는 것의 의미는
이미 앞에서 다 말했는데
의심을 풀지 못하니 거듭해서 설명해 주는데
방해됨이 없으니 그대는
그 마음을 깨끗이 하고 자세히 듣고 들으라.

답오후점수지의(答悟後漸修之義) 전이구설(前已具說)
이부의정미석(而復疑情未釋) 불방중설(不妨重說)
여수정심(汝須淨心) 체청체청(諦聽諦聽)

범부는 시작이 없는 아득한 옛날부터
오늘에 이르기까지
다섯 세계(五道, 지옥, 아귀, 축생, 인간, 천상계)에
흘러 다니면서 태어나고 죽고 하되,
나라는 생각에 굳게 집착하여
뒤집힌 망령된 생각과 무명의 종자습기가
오래되어 지금의 습성을 이루었을진저.

범부(凡夫) 무시광대겁래(無始曠大劫來) 지어금일(至於今日)
유전오도(流轉五道) 생래사거(生來死去) 견집아상(堅執我相)
망상전도(妄想顚倒) 무명종습(無明種習) 구여성성(久與成性)

비록 금생에 이르러 자신의
본성이 본래 텅 비고 고요하여
부처와 다를 바가 없다는 것을
단박 깨달았다 하더라도,
오랜 세월 동안 익혀온 습성은
졸지에 갑자기 제거하기 어려우니,
힘든 경계[逆境]나
편한 경계[順境]을 만나게 되면
성질을 내거나 기뻐하는 감정,

옳다고 여기거나 틀렸다고 여기는 생각이
불처럼 일어났다 사라졌다 하여,
객관 경계에 대한 번뇌가
예전과 다를 바가 없다.

수도금생(雖到今生) 돈오자성(頓悟自性)
본래공적(本來空寂) 여불무수(與佛無殊)
이차구습(而此舊習) 졸난제단(卒難除斷)
고봉역순경(故逢逆順境) 진희시비(瞋喜是非)
치연기감(熾然起滅) 객진번뇌(客塵煩惱)
여전무이(與前無異)

그러므로 만약 지혜로 공들이고
노력하지 않는다면
어찌 능히 무명(無明, 정신적 어두움)을
상대하여 다스려 아주 크게 쉬는
경지에 도달할 수 있겠는가?

약불이반야(若不以般若) 가공착력(加功着力)
언능대치무명(焉能對治無明)
득도대휴대헐지지(得到大休大歇之地)

이르시길 부처와 동일함을 몰록 깨달았으나,
수많은 생을 살면서 익힌
습기가 너무나 깊은지라.
바람은 고요해졌으나
파도는 오히려 용솟음치듯
이치는 드러났으나
망상은 오히려 침노한다는 말이
바로 이것을 말한 것이다.

여운돈오수동불(如云頓悟雖同佛)
다생습기심(多生習氣深)
풍정파상용(風停波尙湧)
이현념유침(理現念猶侵)

또 대혜 종고(大慧宗杲)선사도
"간혹 영리한 근기의 날카로운 무리들이
많은 힘을 기울이지 않고
수월하게 이 일을 해결하고는
아주 쉽다는 마음을 내어
다시 닦고 다스리려고 하지 않다가
세월이 가면 다시 전처럼

흘러 다니며 유랑하게 되니,
윤회를 면하지 못하게 된다."라고 하셨다.
그러니 어찌 한번
깨달음을 얻었다고 하여,
그 뒤의 닦음을 버릴 수 있겠는가.

우고선사운(又杲禪師云)
왕왕이근지배(往往利根之輩)
불비다력(不費多力) 투발차사(投發此事)
변생용이지심(便生容易之心) 갱불수치(更不修治)
일구월심(日久月深) 의전유랑(依前流浪)
미면윤회(未免輪廻)
즉기가이일기소오(則豈可以一期所悟)
변발치후수야(便撥置後修耶)

그러므로 깨달은 뒤에도
늘 비추어 보고 관찰하여
망념이 문득 일어나거든
절대로 그것을 따르지 말 것이며,
버리고 또 버려서 무위에 이르러야
비로소 구경(究境)이라고 할 수 있으리니
천하의 선지식이 깨달은 뒤에
소 먹이는 행위도
바로 이러한 이유 때문이다.

고오후(故悟後) 장수조찰(長須照察)
망념홀기(妄念忽起), 도불수지(都不隨之)
손지우손(損之又損) 이지무위(以至無爲)
방시구경(方始究境)
천하선지식(天下善知識),
오후목우행시야(悟後牧牛行是也)

비록 뒤에 닦는다고는 하지만
이미 망념이 본래 텅 비었으며,
마음의 본성이
본래 청정한 것임을 돈오(頓悟)하였으니,
악(惡)을 끊되,
끊어도 끊는 바가 없으며,
선(善)을 닦되,
닦아도 닦은 바가 없는 것이다.
이것이야말로
참다운 닦음이고
참다운 끊음이 되는 것이다.
그러므로 "온갖 행실을 모두 닦되,
오직 무념(無念)을 근본으로 삼는다."
라고 하는 것이다.

수유후수(雖有後修)
기선돈오망념본공(己先頓悟妄念本空)
심성본정(心性本淨) 어악단(於惡斷)
단이무단(斷而無斷) 어선수(於善修)
수이무수(修而無修)
차내진수진단의(此乃眞修眞斷矣)
고운수비수만행(故云雖備修萬行)
유이무념위종(唯以無念爲宗)

규봉스님도 먼저 깨닫고 뒤에
닦는 뜻을 총괄적으로 판단하여 말하기를
"이 성품이 원래 번뇌가 없고 새는 법이 없는[無漏]
지혜가 본래 갖추어져 있어서
부처와 더불어 다름이 없음을 문득 깨닫고,
이 깨침에 의지하여 수행하면 이것을 일러
최상승선(最上乘禪),
또는 여래의 청정선(淸淨禪)이라 한다.

규봉총판선오후수지의운(圭峰總判先悟後修之義云)
돈오차성(頓悟此性) 원무번뇌(元無煩惱)
무루지성(無漏智性) 본자구족(本自具足)
여불무수(與佛無殊) 의차이수자(依此而修者)
시명최상승선(是名最上乘禪)
역명여래청정선야(亦名如來淸淨禪也)

만약 생각 생각에 닦고 익히면
자연스럽게 점진적으로
백천 삼매를 얻을 수 있을 것이니,
달마(達磨)스님 문하에서 서로 전하여
내려온 것이 바로 이런 선(禪)이다."라고 하셨다.

약능염염수습(若能念念修習) 자연점득백천삼매(自然漸得百千三昧)
달마문하(達磨門下) 전전상전자(展轉相傳者) 시차선야(是此禪也)

그러므로 돈오(頓悟)와 점수(漸修)의 의미는
마치 수레의 두 바퀴와 같아서
하나만 없어도 안 되는 것이다.

즉돈오점수지의(則頓悟漸修之義)
여거이륜(如車二輪) 궐일불가(闕一不可)

혹 어떤 사람은 선과 악의 본성이
본래 텅 빈 것임을 알지 못하고(法空을 모름)
굳게 앉아 움직이지 않으면서
자신의 몸과 마음을 눌러 억압하기를
마치 돌로 풀을 누르는 것과 같이 하면서

"마음을 닦는다."라고 여기니
이는 크게 어리석은 것이다.

혹자(或者) 불지선악성공(不知善惡性空)
견좌부동(堅坐不動) 날복신심(捺伏身心) 여석압초(如石壓草)
이위수심(以爲修心) 시대혹의(是大惑矣)

그러므로 이르기를 "성문(聲聞, 소승小乘 수행자)들은
마음 마음마다 번뇌를 끊으려고 하나,
그 끊으려는 마음이 바로 도적이다."
라고 한 것이다.

고운성문(故云聲聞) 심심단혹(心心斷惑)
능단지심시적(能斷之心是賊)

다만 살생하고 도적질하고 음행하고
거짓말하는 것이
성품으로부터 일어난 것임을 자세히 관한다면
일어나되, 곧 일어남이 없는 것이다.
내 본래 자리가 본시 고요한데,
어찌 다시 끊을 것이 있을 것인가.

단체관살도음망(但諦觀殺盜婬妄) 종성이기(從性而起)
기즉무기(起卽無起) 당처변적(當處便寂)
하수갱단(何須更斷)

이른바 "잡념이 일어나는 것이
두려운 것이 아니라,
그 잡념을 알아차림이
더딜까 두려울 따름이다."라는 것이다.
또한 이른바 "잡념이 일어나거든 알아차릴 뿐이니.
알아차리면 없어진다."는 것이다.

소이운(所以云) 불파염기(不怕念起)
유공각지(唯恐覺遲) 우운염기즉각(又云念起卽覺)
각지 즉무(覺之卽無)

그러므로 깨달은 사람에게는
비록 밖에서 날아 들어온 망상과 번뇌가 있더라도
모두 한 그릇의 제호(醍醐)를 이룬다.
다만 미혹에는 뿌리가 없고 허공 꽃처럼
실체가 없는 삼계(三界)는
바람에 사라지는 연기와 같으며,

헛되이 변화한 현상계는 마치 끓는 물에
사라지는 얼음과 같음을 바라볼 뿐이다.

고오인분상(故悟人分上)
수유객진번뇌(雖有客塵煩惱),
구성제호(俱成醍醐) 단조혹무본(但照惑無本),
공화삼계(空華三界) 여풍권연(如風卷煙),
환화육진(幻化六塵) 여탕소빙(如湯消氷)

만일 이와 같이 생각 생각마다 닦고 익혀서,
(空寂靈知를) '바라보고 돌아보기'[照顧, 마음 챙김]를
잊지 않고,
선정과 지혜를 고르게 챙기면서[定慧雙云]
사랑하거나 미워하는 마음이 자연히 엷어지고,
자비[德]와 지혜가 자연스럽게 점차 밝아지며,
죄업이 자연히 끊어지고,
공덕이 자연히 늘어나게 될 것이니
번뇌가 다할 때에 육신의 생사도 끊어질 것이다.

약능여시염염수습(若能如是念念修習)
불망조고(不忘照顧) 정혜등지(定慧等持)
즉애악자연담박(則愛惡自然淡薄)
비지자연증명(悲智自然增明) 고업(辜業)
자연단제(自然斷除) 공행자연증진(功行自然增進)
번뇌진시(煩惱盡時) 생사즉절(生死卽絶)

만약 여기서 '미세한 번뇌의 흐름'마저도
영원히 끊어지면,
'원만한 깨달음의 위대한 지혜'가
뚜렷이 드러나 홀로 존재하며
천백 억의 화신을 시방세계 안에 나타내어
중생들의 근기에 따라 달려가 감응하리니
마치 달이 하늘에 나타나면 그 그림자가
온갖 물에 두루 비치는 것과 같을 것이다.
응용에 다함이 없어 '인연 있는 중생'을 구제하니,
영원한 쾌락을 얻은 바 근심이 없으므로,
'크게 깨달아 세상에서
존중받는 분'[大覺世尊]이라 부른다.

약미세유주영단(若微細流注永斷) 원각대지낭연독존(圓覺大智朗然獨存)
즉현천백억화신(卽現千百億化身) 어시방국중(於十方國中)
부감응기(赴感應機) 사월현구소(似月現九霄) 영분만수(影分萬水)
응용무궁(應用無窮) 도유연중생(度有緣衆生)
쾌락무우(快樂無憂) 명지위대각세존(名之爲大覺世尊)

14. 정과 혜 두 문을 바르게 보이니 正示二門定慧

[묻되] 깨친 뒤에 닦아나가는 문중에서는
선정과 지혜를 동등하게 가진다는 뜻은
아직 잘 모르겠습니다.
다시 자세히 말씀하시어 미혹을 없애고
해탈의 문에 들게 해 주십시오.

문후수문중(問後修門中) 정혜등지지의(定慧等持之義)
실미명료(實未明了) 갱위선설(更爲宣說)
위시개미(委示開迷) 인입해탈지문(引入解脫之門)

[답하되] 만약 법과 그 뜻을 말한다면,
진리에 들어가는 천 가지 문은
선정과 지혜 아님이 없다.
그 요강을 든다면,
단지 자기 성품의 본체와 작용의 두 가지 뜻이니,
앞에서 말한 바 있고
고요함과 신령스러움을 아는 것이 그것이다.
선정은 곧 본체요 지혜는 작용이다.

답약설법의(答若說法義)
입리천문(入理千門) 막비정혜(莫非定慧)

취기강요즉단자성상(取其綱要則但自性上)
체용이의(體用二義)
전소위공적영지시야(前所謂空寂靈知是也)
정시체혜시용야(定是體慧是用也)

그래서 본체를 떠나지 않는 작용이므로
지혜는 선정을 떠나지 않았고,
작용을 떠나지 않은 본체이므로
선정은 지혜를 떠나지 않았다.
따라서 선정은 곧 지혜이므로
고요하면서도 항상 아는 것이고,
지혜는 곧 선정이므로 알면서도
항상 고요한 것이다.

즉체지용고(卽體之用故) 혜불리정(慧不離定)
즉용지체고(卽用之體故) 정불리혜(定不離慧)
정즉혜고(定則慧故) 적이상지(寂而常知)
혜즉정고(慧則定故) 지이상적여(知而常寂如)

그래서 조계스님이
"마음에 산란함이 없는 것이 자기 성품의 선정이요,
마음이 어리석지 않음이
자기 성품의 지혜이다." 라고 한 말과 같다.

만약 이처럼 깨달아서
고요함과 아는 것에 자유로워서
선정[遮]과 지혜[照]가 둘이 아니게 된다면
이것이 곧 돈문에 들어간 뛰어난 사람이
선정과 지혜를 아울러 닦는 것이 된다.

조계운(曹溪云) 심지무란자성정(心地無亂自性定)
심지무치자성혜(心地無癡自性慧)
약오여시(若悟如是) 임운적지(任運寂知) 차조무이(遮照無二)
즉시위돈문개자(則是爲頓門箇者) 쌍수정혜야(雙修定慧也)

그러나 만일 고요함으로써
반연하는 생각들을 다스리고
그 다음에 깨어있는 정신으로
혼미함을 다스려야 한다고 하면서,
선후를 따라 다스려 혼미함과 산란함을 가라앉혀
고요함에 들어가는 사람은
점문의 열등한 근기의 수행이다.

약언선이적적(若言先以寂寂) 치어연려(治於緣慮)
후이성성(後以惺惺) 치어혼주(治於昏住)
선후대치(先後對治) 균조혼란(均調昏亂)
이입어정자(以入於靜者)
시위점문열기소행야(是爲漸門劣機所行也)

그는 비록 깨어있음과
고요함을 평등하게 한다고 하지만
고요함만을 취하는 수행을 면하지 못하니,
어찌 깨달은 사람이
본래의 고요함과 본래의 앎을 떠나지 않고
자유롭게 두 가지를 함께 닦는 것이라 하겠는가?
그러므로 조계스님은 "스스로가 깨쳐서
수행하는 것은 따지는 데 있지 않다.
만약 선후를 따지면 그는 미혹된 사람이다." 하였다.

수운성적등지(雖云惺寂等持)
미면취정위행즉(未免取靜爲行則)
기위료사인(豈爲了事人) 불리본적본지(不離本寂本知)
임운쌍수자야(任運雙修者也) 고조계운(故曹溪云)
자오수행(自悟修行) 불재어쟁(不在於諍)
약쟁선후(若諍先後) 즉시미인(卽是迷人)

그러므로 깨친 사람의 경지에서
선정과 지혜를 평등하게 가진다는 뜻은
애써 노력하는 것도 아니고,
원래 무위라서 어떤 특별한 때도 없다.
즉 빛을 보고 소리를 들을 때에도 그러하고,

옷 입고 밥 먹을 때에도 그러하고,
똥 누고 오줌 눌 때에도 그러하고,
남과 이야기할 때에도 그러하고,
내지 걷거나 서 있거나
앉거나 눕거나 말하거나 침묵하거나,
혹은 기뻐하거나 성내거나,
언제든지 항상 그러하다.

즉달인분상(則達人分上)
정혜등지지의(定慧等持之義)
불락공용(不落功用) 원자무위(元自無爲)
갱무특지시절(更無特地時節) 견색문성시(見色聞聲時)
단이마(但伊麼) 착의끽반시(着衣喫飯時)
단이마(但伊麼) 아시송뇨시(屙屎送尿時)
단이마(但伊麼) 대인접화시(對人接話時)
단이마(但伊麼) 내지행주좌와(乃至行住坐臥)
혹어혹묵(或語或默) 혹희혹노(或喜或怒)
일체시중일(一切時中一) 일여시(一如是)

마치 빈 배가 물결을 따라
올랐다 내렸다 하고,
흐르는 물이 산을 돌아나갈 때
굽이 돌아가기도 하고

바로 흘러가기도 하듯이
마음 마음이 알음알이가 없는 것이다.
그리하여 오늘도 무심하여 자유롭고,
내일도 무심하여 자유로워서
온갖 반연을 따라도
아무런 장애가 없고,
악을 끊거나 선을 닦는다는 생각도 없다.

사허주가랑(似虛舟駕浪) 수고수하(隨高隨下)
여류수전산(如流水轉山) 우곡우직(遇曲遇直)
이심심무지(而心心無知)
금일등등임운(今日騰騰任運)
명일임운등등(明日任運騰騰) 수순중연(隨順衆緣)
무장무애(無障無碍) 어선어악(於善於惡)
불단불수(不斷不受)

또한 순박하고,
솔직하고 거짓이 없으며,
보고 들음에 무심하여
한 티끌도 상대하는 것이 없으니,
어찌 번뇌를 버리려는
노력이 필요하겠으며,

한 생각의 망령된 감정도
일어남이 없으니
반연을 잊으려
힘쓸 필요도 없다.

질직무위(質直無僞) 시청심상(視聽尋常)
즉절일진이작대(則絶一塵而作對)
하로견탕지공무(何勞遣蕩之功無)
일념이생정(一念而生情) 불가망연지력(不假忘緣之力)

그러나 업의 장애는 두텁고 습기는 무거우며,
관행(觀行)은 약하고 마음은 들떠서,
무명의 힘은 크고 지혜의 힘은 적으며,
선악의 경계에서는 마음이 동요하기도 하고
고요하기도 하여 담담하지 못한 사람은
반연을 잊고 없애는 공부를 해야 한다.

연장농습중(然障濃習重) 관열심부(觀劣心浮)
무명지력대(無明之力大) 반야지력소(般若之力小)
어선악경계(於善惡境界) 미면피동정호환(未免被動靜互換)
심불념담자(心不恬淡者) 불무망(不無忘) 연견탕공부의(緣遣蕩功夫矣)

그러므로 육근이 경계를 대해도
마음이 반연을 따르지 않는 것을
선정(禪定)이라 하고
마음과 경계가 함께 공해서
미혹됨이 없음을 비추어 아는 것을
지혜라 한다.

여운육근섭경(如云六根攝境) 심불수연(心不隨緣)
위지정(謂之定) 심경구공(心境俱空)
조감무혹(照鑑無惑) 위지혜(謂之慧)

이것은 비록 수상문(隨相門)의 선정과 지혜이고,
점문(漸門)의 열등한 근기의 수행이라지만
경계에 따라 다스려야 하는 사람으로서는
없을 수가 없다.

차수수상문정혜(此雖隨相門定慧)
점문열기소행야(漸門劣機所行也)
대치문중(對治門中) 불가무야(不可無也)

만약 요동치는 마음이 치성하면
먼저 정(定)으로써 다스려서

이 반연을 따르지 않고
본래의 고요함에 계합하게 하며,
만약 혼침이 더욱 많으면
이젠 지혜로써 법에 따라 공(空)함을 관조하여
미혹됨이 없음을 비추어서
본래의 앎에 계합하도록 해야 한다.

약도거치성(若掉擧熾盛) 즉선이정문(則先以定門)
칭리섭산(稱理攝散) 심불수연(心不隨緣) 계호본적(契乎本寂)
약혼(若昏) 침우다(沈尤多)
즉차이혜문(則次以慧門) 택법관공(擇法觀空)
조감무혹(照鑑無惑) 계호본지(契乎本知)

이렇게 선정으로써
어지러운 생각을 다스리고
지혜로써 멍청함[無記]을 다스려서
동요함도 고요함도 서로 없어지고,
경계에 따라 다스려야 하는 노력도 없어지면,
경계에 대하여
생각 생각이 근본으로 돌아가고
반연을 만나도
마음 마음이 도에 계합하는 등
마음대로 안과 밖을 닦아나가야

비로소 걸림 없는 자유인이 될 것이다.
만약 이렇게 하면 참으로
선정과 지혜를 평등하게 가져
불성을 밝게 본 사람이라 할 수 있다.

이정치호난상(以定治乎亂想)
이혜치호무기(以慧治乎無記)
동정상망(動靜相忘) 대치공종(對治功終)
즉대경이염염귀종(則對境而念念歸宗)
우연이심심계도(遇緣而心心契道) 임운쌍수(任運雙修)
방위무사인(方爲無事人)
약여시즉진가위정혜등지(若如是則眞可謂定慧等持)
명견불성자야(明見佛性者也)

15. 자세히 정과 혜의 두 문을 밝히니 詳明二門定慧

[묻되] 스님의 말씀에 의거하여 판단하자면
깨친 뒤에 닦는 방법을 보면,
선정과 지혜를 평등하게 가진다는 말에는
두 가지 뜻이 있습니다.
첫째는 자기 성품의 선정과 지혜이고,
둘째는 상(相)을 따르는 선정과 지혜입니다.

문거여소판(問據汝所判) 오후수문중(悟後修門中)
정혜등지지의(定慧等持之義), 유이종(有二種),
일자성정혜(一自性定慧), 이수상정혜(二隨相定慧)

자기 성품이란 "걸림 없는 고요함과
아는 것이 원래 무위여서
하나의 티끌도 상대함이 없으니
어찌 번뇌를 없애려는 노력이 필요하겠으며,
한 생각의 망령된 정(情)도 일어남이 없으니
반연을 잊으려 힘쓸 필요도 없다."
하고는 결론짓기를
"이것이 몰록 깨닫는 문[頓門]에 들어간 사람이
자기 성품을 떠나지 않고 선정과 지혜를
평등하게 가지는 것이다." 하였습니다.

자성문즉왈(自性門則曰) 임운적지(任運寂知)
원자무위(元自無爲) 절일진이작대(絶一塵而作對)
하로견탕지공(何勞遣蕩之功)
무일념이생정(無一念而生情)
불가망연지력(不假忘緣之力)
판운차시돈문개자(判云此是頓門箇者)
불리자성(不離自性) 정혜등지야(定慧等持也)

그리고 상을 따르는 문[隨相門]은
"이치에 따라 산란한 마음을 거두어
법에 따라 공을 관조하여
혼침과 산란을 고루 다스려서
무위에 들어간다."하고
결론짓기를 "이것은 점문의 열등한
근기의 수행이다" 하셨습니다.
그러나 이 두 가지 문의
선정과 지혜에 대해서
의심이 없지 않습니다.

수상문즉왈(隨相門則曰) 칭리섭산(稱理攝散)
택법관공(擇法觀空) 균조혼란(均調昏亂) 이입무위(以入無爲)
판운차시점문열기소행야(判云此是漸門劣機所行也)
취차양문정혜(就此兩門定慧) 불무의언(不無疑焉)

말하자면 어떤 사람이
수행함에 있어서
먼저 자기 성품의 선정과
지혜를 고루 닦은 뒤에
다시 수상문,

즉 상(相)을 따르는 방법으로
경계를 다스려나가야 합니까?

약언일인소행야(若言一人所行也)
위부선의자성문(爲復先依自性門)
정혜쌍수연후(定慧雙修然後),
갱용수상문대치지공야(更用隨相門對治之功耶)

아니면 먼저
상을 따르는 공부로써
혼침과 산란을 고루 다스린 뒤에
자기 성품의
문으로 들어가야 합니까?

위부선의수상문(爲復先依隨相門)
균조혼란연후(均調昏亂然後)
이입자성문야(以入自性門也)

만약 먼저 자기 성품의
선정과 지혜에 의지한다면
고요함과 아는 것이 자재하여
다시 대상에 따라 다스려야 하는
공력이 필요없을 텐데

어째서 수상문, 즉 상을 따르는 선정과 지혜가 필요합니까?

약선의자성정혜(若先依自性定慧)
즉임운적지(則任運寂知)
갱무대치지공(更無對治之功)
하수갱취수상문정혜야(何須更取隨相門定慧耶)

그리고 만약 먼저
상을 따르는 방법으로
선정과 지혜를 얻어서
대상에 따라 다스리는
공부를 완성한 뒤에
자기 성품의 문으로 나아간다면
그것은 점차로 수행하는 열등한 근기가
깨닫기 이전의
점차로 닦아나가는 공부이니,
어째서 돈문(頓門)의 사람이
먼저 깨닫고 뒤에 닦아나가되
노력 없는 노력을 쓰는 것이라 하겠습니까?

약선이수(若先以隨) 상문정혜(相門定慧)
대치공성연후(對治功成然後)

취어자성문(趣於自性門)
즉완시점문중열기(則宛是漸門中劣機)
오전점훈야(悟前漸熏也)
기운돈문개자(豈云頓門箇者)
선오후수(先悟後修)
용무공지공야(用無功之功也)

만약 전후가 없이
동시에 이루어진다면,
돈문과 점문의 두 가지 문의
선정과 지혜가 다른데
어떻게 한꺼번에
수행할 수 있다는 것입니까?

약일시무전후즉이문정혜(若一時無前後則二門定慧)
돈점유이(頓漸有異)
여하일시병행야(如何一時竝行也)

즉 돈문의 사람은 자기 성품에 따라
걸림이 없으니 노력할 것이 없고,
점문의 열등한 근기는 상을 따라서
대상에 따라 다스려야 하는 노력이 필요합니다.

이렇게 돈문과 점문의 두 문은
서로 근기가 다르고 우열이 분명한데,
먼저 깨닫고 뒤에 닦는 방법 가운데서
어떻게 두 가지를 아울러 말씀하십니까?
다시 잘 설명하여 의심을 풀어주십시오.

즉돈문개자(則頓門箇者) 의자성문(依自性門)
임운망공(任運亡功) 점문열기(漸門劣機)
취수상문(趣隨相門) 대치노공(對治勞功)
이문지기(二門之機) 돈점불동(頓漸不同)
우열교연(優劣皎然)
운하선오후수문중(云何先悟後修門中)
병석이종야(竝釋二種耶) 청위통회(請爲通會)
영절의정(令絶疑情)

[답하되] 해석은 분명한데
그대가 스스로 의심을 내는구나.
말을 따라 알려고 하면 다시 의혹이 생기고
뜻을 얻고 말을 잊으면
힐문할 필요가 없다.

답소석교연(答所釋皎然) 여자생의(汝自生疑)
수언생해(隨言生解) 전생의혹(轉生疑惑)
득의망언(得意忘言) 불로치힐(不勞致詰)

만약 그 두 문에서
각기 수행할 바를 판단한다면,
자기 성품의 선정과 지혜를 닦는 자는
이 돈문의 노력 없는 노력으로
돈문의 고요함과 수상문의 고요함을
아울러 운용(運用)하여
자기 성품을 스스로 닦아서
불도를 이루는 사람이다.

약취양문(若就兩門) 각판소행(各判所行)
즉수자성정혜자(則修自性定慧者)
차시돈문(此是頓門) 용무공지(用無功之)
공병운쌍적(功竝運雙寂) 자수자성(自修自性)
자성불도자야(自成佛道者也)

그리고 상을 따르는 방법으로
선정과 지혜를 닦는 자는
깨치기 전의 점문의 열등한 근기로
대상을 따라 다스리는 공력으로 인해
마음마다 의혹을 끊고
고요함을 취해서 수행하는 사람이다.

수수상문정혜자(修隨相門定慧者)
차시미오전점문열기(此是未悟前漸門劣機)
용대치지공(用對治之功) 심심단혹(心心斷惑)
취정위행자(取靜爲行者)

그러므로 이 두 문의 수행은
돈(頓)과 점(漸)이 다르니
혼동해서는 안 된다.

이차이문소행(而此二門所行)
돈점각이(頓漸各異)
불가참란야(不可參亂也)

그러나 깨달은 뒤에 닦는 문에서
겸해서 상(相)을 따라 다스리는 법을 말한 것은
점문(漸門)의 근기가 닦는 것[修行法]을
전적으로 취한 것이 아니라
그 방편을 취해서 길을 빌리고
숙소를 의탁한 것뿐이다.

연오후수문중(然悟後修門中)
겸론수상문중대치자(兼論隨相門中對治者)
비전취점기소행야(非全取漸機所行也)
취기방편(取其方便)
가도탁숙이이(假道托宿而已)

왜냐하면 이 돈문에도
역시 근기가 뛰어난 사람과
열등한 사람이 있기 때문이다.

하고어차돈문(何故於此頓門)
역유기승자(亦有機勝者)
역유기열자(亦有機劣者)

한 가지 예로,
가는 길을 판단할 수 없기 때문이다.
만약 번뇌가 엷고 몸과 마음이 편안하여
선악에 대해서도 무심하고,
여덟 가지 번뇌에도 동요하지 않고,
세 가지 느낌에도 고요한 이는
자기 성품의 선정과 지혜에 의지하여
자유롭게 겸해서 닦아나가되
천진하여 조작됨이 없다.

불가일예(不可一例) 판기행리야(判其行李也)
약번뇌담박(若煩惱淡薄) 신심경안(身心輕安)
어선이선(於善離善) 어악이악(於惡離惡)
부동팔풍(不動八風) 적연삼수자(寂然三受者)
의자성정혜(依自性定慧) 임운쌍수(任運雙修)
천진무작(天眞無作)

움직이거나 고요하거나
항상 선정에 있으므로
자연의 이치를 성취한 것인데
왜 상을 따라 다스리는 방법을 빌리겠는가
병이 없으면 약을 구하지 않는다.

동정상선(動靜常禪) 성취자연지리(成就自然之理)
하가수상문대치지의야(何假隨相門對治之義也)
무병불구약(無病不求藥)

그러나 비록 먼저 깨달았다 하더라도
번뇌가 두텁고 습기가 무거워서
경계를 대하면 생각 생각에 감정이 일어나고,
반연을 만날 때마다
마음은 대상을 만들어
혼침과 산란에 빠져서

고요함과 아는 마음이 흐려지는 사람은
곧 상을 따라 수행하는 선정과 지혜를 빌려서
다스려야함을 잊지 말고,
혼침과 산란을 고루 다스려
무위에 들어감이 마땅하다.

수선돈오(雖先頓悟) 번뇌농후(煩惱濃厚) 습기견중(習氣堅重)
대경이염념생정(對境而念念生情) 우연이심심작대(遇緣而心心作對)
피타혼란(被他昏亂) 사살매각지상연자(使殺昧却知常然者)
즉차수상문정혜(卽借隨相門定慧) 불망대치(不忘對治)
균조혼란(均調昏亂) 이입무위(以入無爲)

비록 대상에 따라 다스리는 공부를 빌려서
잠시 습기를 조절하지만
이미 마음의 본성이 본래 깨끗하고,
번뇌가 본래 비었음을 깨쳤기 때문에
점문의 열등한 근기에
오염된 수행에는 떨어지지 않는다.

즉기의야(卽其宜也)
수차대치공부(雖借對治功夫) 잠조습기(暫調習氣)
이선돈오심성본정(以先頓悟心性本淨)
번뇌본공고(煩惱本空故)
즉불락점문열기(卽不落漸門劣機)
오염수야(汚染修也)

왜냐하면 깨치기 전의 수행이란
비록 공부를 잊지 않고
생각 생각에 익히고 닦지만
곳곳에서 의심을 일으켜 자유롭지 못함이
마치 한 물건이 가슴에 걸려있는 것 같아서
불안한 모습이 항상 앞에 나타난다.

하자수재오전(何者修在悟前)
즉수용공불망(則雖用功不忘)
염염훈수(念念熏修) 착착생의(着着生疑)
미능무애(未能無礙) 여유일물(如有一物),
애재흉중(礙在胸中) 불안지상(不安之相),
상현재전(常現在前)

그러다가 오랜 세월이 지나서
대상에 따라 다스리는 공부가 익으면
몸과 마음과 객관의 대상이
편안해진 것 같을 것이다.
그러나 비록 편안한 것 같으나
의심의 뿌리가 끊어지지 않은 것이
돌로 풀을 눌러놓은 것 같아서
오히려 생사의 세계에 자재를 얻을 수가 없다.

그러므로 깨치기 전에 닦는 것은
참다운 닦음이 아니라고 하는 것이다.

일구월심(日久月深) 대치공숙(對治功熟)
즉신심객진(則身心客塵) 흡사경안(恰似輕安)
수부경안(雖復輕安) 의근미단(疑根未斷)
여석압초(如石壓草) 유어생사계(猶於生死界)
불득자재(不得自在) 고운(故云)
수재오전(修在悟前) 비진수야(非眞修也)

깨달은 사람의 입장에서도
비록 대상에 따라
다스리는 방편이 있지만
생각 생각에 의심이 없어
번뇌에 물들지 않는다.

오인분상(悟人分上)
수유대치방편(雖有對治方便)
염념무의(念念無疑)
불락오염(不落汚染)

그리하여 오랜 세월이 가면
자연히 천진하고 묘한 성품에 계합되어

고요하고 아는 것이 자유롭고,
생각 생각이 일체의
경계에 반연하면서도
마음 마음은 모든 번뇌를
영원히 끊어버리되
자기의 성품을 떠나지 않고
선정과 지혜를 평등히 가져
무상보리(無上菩提)를 이루어
앞에 말한 근기가 뛰어난 사람과
다름이 없게 되는 것이다.

일구월심(日久月深)
자연계합천진묘성(自然契合天眞妙性)
임운적지(任運寂知)
염염반연일체경(念念攀緣一切境)
심심영단제번뇌(心心永斷諸煩惱)
불리자성(不離自性) 정혜등지(定慧等持)
성취무상보리(成就無上菩提)
여전기승자(與前機勝者) 갱무차별(更無差別)

상을 따르는 수상문의 선정과 지혜는
비록 점차로 수행해야 하는 근기를

가진 자가 행하는 것이지만
깨달은 사람의 입장에서 보면
쇠로 금을 이루는 것이라 할 수 있다.

즉수상문정혜(則隨相門定慧)
수시점기소행(雖是漸機所行)
어오인분상(於悟人分上)
가위점철성금(可謂點鐵成金)

만약 이렇게 안다면
어찌 자성문(自性門) 수상문(隨相門)
두 문의 선정과 지혜에 있어서
앞뒤의 차례가 있다는 두 가지 견해의
의심이 있을 수 있겠는가.

약지여시(若知如是)
즉기이이문정혜(則豈以二門定慧)
유선후차제이견지의호(有先後次第二見之疑乎)

16. 끝까지 공부를 마치도록 당부하니 勸結

바라건대, 모든 도 닦는 사람은
이 말을 깊이 음미해서
다시는 의심으로 인해
스스로 물러나는 일이 없도록 하라.

원제수도지인(願諸修道之人)
연미차어(硏味此語)
갱막호의(更莫狐疑)
자생퇴굴(自生退屈)

만약 장부의 뜻을 가지고
최상의 보리를 구하는 사람이라면
이것을 버리고 어떻게 할 것인가.

약구장부지지(若求丈夫之志)
구무상보리자(求無上菩提者)
사차해이재(捨此奚以哉)

결단코 글에 집착하지 말고
바로 참뜻을 깨달아서
일일이 자기에게 돌아가 근본에 계합한다면

스승 없는 지혜가 저절로 앞에 나타나고
천진한 이치가 분명하여
지혜의 몸을 성취하되
타인으로 말미암아 깨닫지 않으리라.

절막집문(切莫執文) 직수료의(直須了義)
일일귀취자기(一一歸就自己)
계합본종(契合本宗)
즉무사지지(則無師之智)
자연현전(自然現前) 천진지리(天眞之理)
료연불매(了然不昧) 성취혜신(成就慧身)
불유타오(不由他悟)

이러한 묘한 뜻은 비록
모든 사람에 해당되긴 하나
일찍이 지혜의 종자를 심은
대승의 근기가 아니면,
능히 한 생각에
바른 믿음을 내지 못할 것이다.

이차묘지(而此妙旨)
수시제인분상(雖是諸人分上)
약비숙식반야종지(若非夙植般若種智)
대승근기자(大承根器者)
불능일염이생정신(不能一念而生正信)

한갓 믿지 않을 뿐만 아니라
오히려 비방하여
무간지옥에 떨어지는 자가
허다히 많다.

기도불신(豈徒不信)
역내방독(亦乃謗讀)
반초무간자(返招無間者)
비비유지(比比有之)

그러나 믿고 받아들이지 않더라도
한 번 귀를 스쳐
잠시라도 인연을 맺은 그 공덕은
헤아릴 수 없는 것이다.

수불신수(雖不信受) 일경어이(一經於耳)
잠시결연(暫時結緣) 기공궐덕(其功闕德)
불가칭량(不可稱量)

그러므로 『유심결』에
"듣고서 믿지 않더라도
부처가 될 인연을 맺고,
배우고 이루지 못했다 하더라도

오히려 인간과 천상의 복보다
뛰어나다"고 하였다.

여유심결운(如唯心訣云)
문이불신(聞而不信)
상결불종지인(尙結佛種之因)
학이불성(學而不成)
유개인천지복(猶蓋人天之福)

이렇게만 해도
성불할 바른 인연을 잃지 않는데
하물며 들어서 믿고,
배워서 이루고,
이를 잊지 않고 수호하는 사람의
그 공덕이야 어찌 헤아릴 수 있겠는가.

불실성불지정인(不失成佛之正因)
황문이신(況聞而信)
학이성(學而成) 수호불망자(守護不忘者)
기공덕(其功德) 기능도량(豈能度量)

과거에 윤회하던
업을 돌이켜 보면

몇 천 겁을 흑암지옥에 떨어지고,
무간지옥에 들어가
온갖 고통을 받았을 것인가.

추념과거윤회지업(追念過去輪廻之業)
부지기기천겁(不知其幾千劫)
타흑암입무간(墮黑暗入無間)
수종종고(受種種苦)

또 불도를 구하고자 해도
착한 벗을 만나지 못하여
그 얼마나 오랜 겁을 나고
죽는 바다에 빠져든 채
깨닫지 못하여
많은 악업을 지었던가.

우부지기기하(又不知其幾何)
이욕구불도(而欲求佛道)
불봉선우(不逢善友) 장겁침륜(長劫沈淪)
명명무각(冥冥無覺) 조제악업(造諸惡業)

때때로 한 번씩 생각하면
모르는 사이에 긴 한숨이 나오는데,
어찌 또 게으름을 피워
지난날의 재앙을 다시 받겠는가.

시혹일사(時或一思)
부각장우(不覺長吁)
기가방완(其可放緩)
재수전앙(再受前殃)

그리고 누가 나로 하여금
지금 인생으로 태어나
만물의 영장이 되어
진리의 길을 닦도록 하였는가.

우부지수부사아(又不知誰復使我)
금치인생(今値人生)
위만물지영(爲萬物之靈)
불매수진지로(不昧修眞之路)

실로 눈먼 거북이
나무를 만나고,
작은 겨자씨가
바늘에 꽂힘과 같으니

그 다행함을 어찌
말로 다 하겠는가.

실위맹구우목(實謂盲龜遇木)
섬개투침(纖芥投鍼)
기위경행(其爲慶幸)
갈승도재(曷勝道哉)

내가 지금 만일 스스로
물러날 마음을 내거나
게으름을 부려 항상 뒤로 미루다가
잠깐 사이에 목숨을 잃고
악도에 떨어져
온갖 고통을 받을 때에는
아무리 한 구절 불법을 들어서
믿고, 알고, 받들어서
고통을 면하고자 해도
다시 얻을 수 있겠는가

아금약자생퇴굴(我今若自生退屈)
혹생해태(或生懈怠)
이항상망후(而恒常望後)
수유실명(須臾失命)
퇴타악취(退墮惡趣)
수제고통지시(受諸苦痛之時)

수욕원문일구불법(雖欲願聞一句佛法)
신해수지(信解受持)
욕면신산(欲免辛酸)
기가부득호(豈可復得乎)

위태로운데 이르러서는
후회한들 소용이 없다.
원컨대 모든 수도하는 사람들은
방일하지 말고,
탐욕과 음욕에 집착하지 말고,
머리에 타는 불을 끄듯이
살피고 돌아보는 것을 잊지 말라.

급도임위(及到臨危) 회무소익(悔無所益)
원제수도지인(願諸修道之人) 막생방일(莫生放逸)
막착탐음(莫着貪淫) 여구두연(如救頭燃)
불망조고(不忘照顧)

덧없는 세월은 신속하여
몸은 아침 이슬과 같고,
목숨은 석양과 같으니,
비록 오늘 살았다 해도

내일을 보장하기 어려우니,
간절히 마음에 새기고
간절히 마음에 새겨라.

무상신속(無常迅速) 신여조로(身如朝露)
명약서광(命若西光) 금일수존(今日雖存)
명역난보(明亦難保) 절수재의(切須在意)
절수재의(切須在意)

또 세상의 유위(有爲)의 선을 따라도
삼악도의 고통을 면하고,
천상과 인간에서 뛰어난 과보를 얻어
온갖 즐거움을 누리는데,
하물며 이 최상승의 깊은 법문이겠는가.

차빙세간유위지선(且憑世間有爲之善)
역가면삼도고륜(亦可免三途苦輪)
어천상인간(於天上人間)
득수승과보(得殊勝果報) 수제쾌락(受諸快樂)
황차최상승심심법문(況此最上乘甚深法門)

잠시만 믿더라도 그 공덕은
어떤 비유로도 말할 수 없다.

잠시생신(暫時生信)
소성공덕(所成功德)
불가이비유(不可以比喻)
설기소분(說其少分)

저 경에 이르기를
"만약 어떤 사람이 삼천 대천 세계에
가득 찬 칠보로써
세상 중생들에게 보시하고 공양하여
다 만족하게 하고,
또 그 세계의 모든 중생을 교화하여
사과(四果)를 얻게 한다면
그 공덕은 한량없고 끝없을 것이다.
그러나 밥 한 그릇 먹는
잠깐 동안만이라도
이 법을 바로 생각하여
얻는 공덕만은 못하다." 하였다.

여경운(如經云)
약인이삼천대천세계칠보(若人以三千大千世界七寶)
보시공양이소세계중생(布施供養爾所世界衆生)
개득충만(皆得充滿)
우교화이소세계일체중생(又敎化爾所世界一切衆生)
영득사과(令得四果)
기공덕(其功德) 무량무변(無量無邊)
불여일식경(不如一食頃)
정사차법(正思此法) 소획공덕(所獲功德)

그러므로 우리의 이 법문이
가장 높고 귀하여
모든 공덕에 견줄 수 없음을 알아야 한다.

시지아차법문(是知我此法門)
최존최귀(最尊最貴)
어제공덕(於諸功德)
비황불급(比況不及)

그러므로 경에 말하기를
"한 생각 깨끗한 마음이 바로 도량이니,
항하의 모래 수와 같은
칠보탑을 만드는 것보다 훌륭하다.

칠보탑은 마침내 부서져 티끌이 되지만
한 생각 깨끗한 마음은 정각을 이룬다."하였다.

고운경(故云經)
일념정심시도량(一念淨心是道場)
승조항사칠보탑(勝造恒沙七寶塔)
보탑필경쇄위진일념정심성정각(寶塔畢竟碎爲塵一念淨心成正覺)

원컨대 수도하는 모든 사람은
이 말을 깊이 음미하여
간절히 마음에 새겨야 할 것이다.
이 몸을 금생에 제도하지 못하면
다시 어느 생을 기다려
이 몸을 제도할 것인가.

원제수도지인(願諸修道之人)
연미차어(研味此語) 절수재의(切須在意)
차신불향금생도(此身不向今生度)
갱대하생도차신(更待何生度此身)

지금 만약 닦지 않으면 만겁에 어긋나고,
지금 만약 억지로라도 닦으면
닦기 어려운 수행도 점점 어렵지 않게 되어

공행(功行)이 저절로 나아갈 것이다.
슬프다, 지금 사람은 배가 고프면서도
맛난 음식을 보고 먹을 줄을 알지 못하고,
병이 들어 의사를 만났어도
약을 먹을 줄 모르는구나.

금약불수(今若不修) 만겁차위(萬劫差違)
금약강수(今若强修) 난수지행(難修之行)
점득불난(漸得不難) 공행자진(功行自進)
차부(嗟夫) 금시인(今時人) 기봉왕선(飢逢王饍)
부지하구(不知下口) 병우의왕(病遇醫王)
불지복약(不知服藥)

참으로 '어떻게 할까, 어떻게 할까' 하며
걱정하지 않는 사람은 나도 어찌할 수 없다.

불왈여지하여지하자(不曰如之何如之何者)
오말(吾末) 여지하야이의(如之何也已矣)

또 세상 유위(有爲)의 일은
그 형상을 볼 수도 있고
그 공덕도 경험할 수 있으므로
사람들이 한 가지 일만 얻어도

희귀하다고 감탄한다.

차세간유위지사(且世間有爲之事)
기상가견(其狀可見) 기공가험(其功可驗)
인득일사(人得一事) 탄기희유(歎其希有)

그러나 나의 이 마음은
그 형상을 볼 수도 없고
말로 표현할 수도 없으며
마음으로도 생각할 수가 없다.

아차심종(我此心宗)
무형가관(無形可觀) 무상가견(無狀可見)
언어도단(言語道斷) 심행처멸(心行處滅)

그러므로 천마와 외도들이
훼방하려 해도 길이 없고
제석천과 범천의 모든 하늘이
칭찬하려 해도 미치지 못하는데
하물며 얄팍한 범부의 무리가
어찌 짐작이나 할 수 있겠는가.

고천마외도(故天魔外道)
훼방무문(毀謗無門)
석범제천(釋梵諸天) 칭찬불급(稱讚不及)
황범부천식지류(況凡夫淺識之流)
기능방불(其能髣髴)

슬프다, 우물 안 개구리가
어찌 바다의 넓음을 알며,
여우가 어찌 사자후를 할 수 있겠는가.

비부정와(悲夫井蛙)
언지창해지활(焉知滄海之闊)
야간하능사자지후(野奸何能師子之吼)

그러므로 말법 세상에 이 법문을 듣고
희유한 생각을 내어 믿고,
이해하여 받아 지니는 사람은
이미 한량없는 겁 동안
모든 성인을 받들어 섬겨서 모든 선근을 심고
지혜의 바른 인연을 깊이 맺은
최상의 근기임을 알 수 있다.

고지말법세중(故知末法世中)
문차법문(聞此法門) 생희유상(生希有想)

신해수지자(信解受持者)
이어(已於) 무량겁중(無量劫中)
승사제성(承事諸聖) 식제선근(植諸善根)
심결반야정인(深結般若正因)
최상근성야(最上根性也)

그러므로 『금강경』에
"이 글귀에 능히 신심을 내는 사람은
이미 한량없는 부처님의 처소에서
모든 선근을 심은 것이다." 하였고, 또
"이 법은 대승의 마음을 낸 사람과
최상승의 마음을 낸 사람을 위하여 설한다." 하였다.

고금강경운(故金鋼經云) 어차장구(於此章句)
능생신심자(能生信心者) 당지시인(當知是人)
이어무량불소(已於無量佛所) 종제선근(種諸善根)
우운위발대승자설(又云爲發大乘者說)
위발최상승자설(爲發最上乘者說)

원컨대 도를 구하는 사람은 겁내거나
약한 마음을 내지 말고
부디 용맹스런 마음을 내어야 한다.

원제구도지인(願諸求道之人)
막생겁약(莫生怯弱)
수발용맹지심(須發勇猛之心)

숙세에 맺은 거룩한 인연
가히 알 수 없기 때문이다.

숙겁선인(宿劫善因)
미가지야(未可知也)

만약 이처럼 수승한 근기를 믿지 않고
스스로 못났다고 하여
어렵다는 생각을 내어 금생에 닦지 않으면
비록 숙세에 선근이 있다 해도
지금 그것을 끊어버리는 것이 되므로
더욱 어려워지고 점점 멀어질 것이다.

약불신수승(若不信殊勝)　감위하열(甘爲下劣)
생간조지상(生艱阻之想)　금불수지(今不修之)
즉종유숙세선근(則縱有宿世善根)　금단지고(今斷之故)
미재기난(彌在其難)　전전원의(展轉遠矣)

이미 보배 있는 곳에 왔으니
빈손으로 돌아가지 않도록 해야 한다.

금기도보소(今旣到寶所)　불가공수이환(不可空手而還)

한 번 사람의 몸을 잃으면
만겁에 회복하기 어려우니
청컨대 부디 삼가야 한다.

일실인신(一失人身) 만겁난복(萬劫難復) 청수신지(請須愼之)

지혜로운 사람이라면
어찌 보배가 있는 곳을 알고도
그것을 구하지 않다가
오래 외롭고 가난함을 원망하겠는가.

기유지자(豈有智者) 지기보소(知其寶所)
반불구지(反不求之) 장원고빈(長怨孤貧)

만약 보배를 얻으려거든
그 가죽주머니를 놓아버려라.

약욕획보(若欲獲寶) 방하피낭(放下皮囊)

- 終 -

수심결

초 판 1쇄 발행 2021년 9월 15일
개정판 1쇄 발행 2023년 6월 15일

지은이 – 보조국사 지눌
옮긴이 – 우득 스님
펴낸이 – 김희정
편집·교정 – 김은희
펴낸곳 – 도서출판 뷰티풀마인드

주소–제주특별자치도 제주시 성지로 52-1
전화–064-726-1237
모바일–010-9822-1237

ⓒ뷰티풀마인드, 2021, Printed in Jeju, Korea
ISBN 979-11-975826-4-6-03220

값 8,800원

이 책의 수익금은 전액 법보시에 쓰입니다.